AF216348

Impressum
Verlag: BABADADA GmbH, Nedderfeld 112 , 22529 Hamburg
Geschäftsführer / Verlagsleitung: Harald Hof
Druck: Books on Demand GmbH, In de Tarpen 42, 22848 Norderstedt

Imprint
Publisher: BABADADA GmbH, Nedderfeld 112 , 22529 Hamburg, Germany
Managing Director / Publishing direction: Harald Hof
Print: Books on Demand GmbH, In de Tarpen 42, 22848 Norderstedt

école
المدرسة

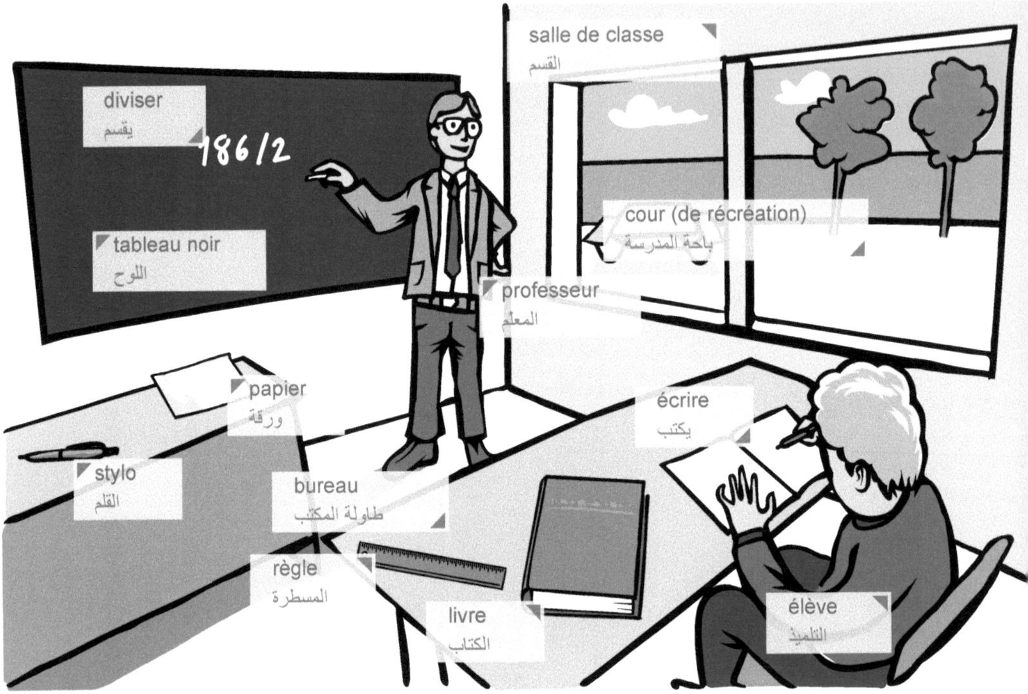
salle de classe
القسم
diviser
يقسم
186/2
tableau noir
اللوح
cour (de récréation)
باحة المدرسة
professeur
المعلّم
papier
ورقة
écrire
يكتب
stylo
القلم
bureau
طاولة المكتب
règle
المسطرة
livre
الكتاب
élève
التلميذ

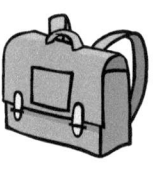

cartable
الحقيبة المدرسية

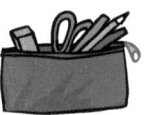

trousse
المقلمة

crayon
قلم الرصاص

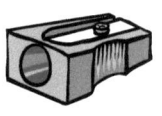

taille-crayon
البرّاية

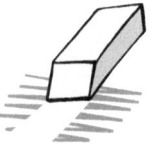

gomme
الممحاة

carnet à dessin
دفتر الرسم

dessin

الرسمة

pinceau

الفرشاة

boîte de peinture

علبة التلوين

ciseaux

المقص

colle

المادة اللاصقة

cahier d'exercices

دفتر التمارين

devoirs

الواجب المدرسي

chiffre

الرقم

additionner

يجمع

soustraire

يطرح

multiplier

يضرب

calculer

يحسب

lettre

الحرف

alphabet

الإبجدية

mot

كلمة

texte

النص

lire

يقرأ

craie

الطبشور

leçon

الحصة

livre de classe

دفتر الدوام المدرسي

examen

الامتحان

certificat

شهادة

uniforme scolaire

اللباس المدرسي

formation

التعليم

lexique

الموسوعة

université

الجامعة

microscope

المجهر

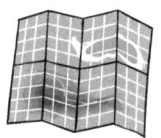

carte

الخريطة

corbeille à papier

قماما

voyage
سفر

hôtel
فندق
Grand
auberge
بيت الشباب
ROOMS
bureau de change
مكتب صرافة
CHANGE
valise
حقيبة
voiture
سيارة

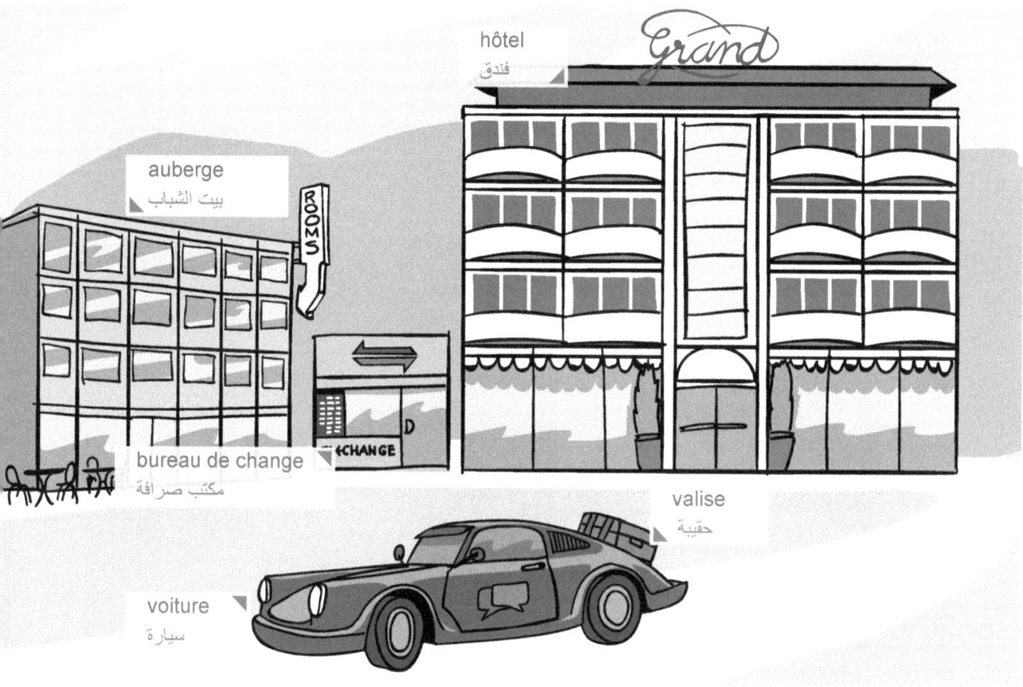

langue
....
اللغة

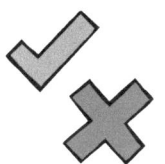

oui / non
....
نعم / لا

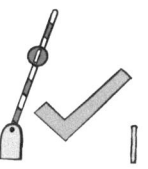

d'accord
....
حسنا

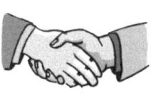

Salut
....
مرحبا

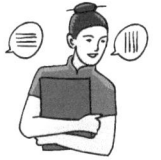

interprète
....
مترجم

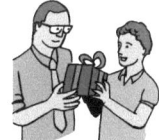

merci
....
شكرا

Combien coûte...?

كم ثمن ... ؟

Je ne comprends pas

لا افهم

problème

مشكلة

Bonsoir !

مساء الخير

Bonjour !

صباح الخير!

Bonne nuit !

ليلة سعيدة

Au revoir

إلى اللقاء

direction

اتجاه

bagages

أمتعة السفر

sac

حقيبة

sac-à-dos

حقيبة ظهر

hôte

ضيف

pièce

غرفة

sac de couchage

كيس للنوم

tente

خيمة

office de tourisme

استعلامات سياحية

plage

شاطئ

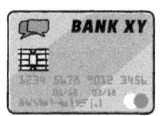

carte de crédit

بطاقة ائتمان

petit-déjeuner

إفطار

déjeuner

طعام الغداء

dîner

العشاء

billet

بطاقة سفر

ascenseur

مصعد

timbre

طابع بريدي

frontière

حدود

douane

الجمارك

ambassade

سفارة

visa

تأشيرة

passeport

جواز سفر

transport
نقل

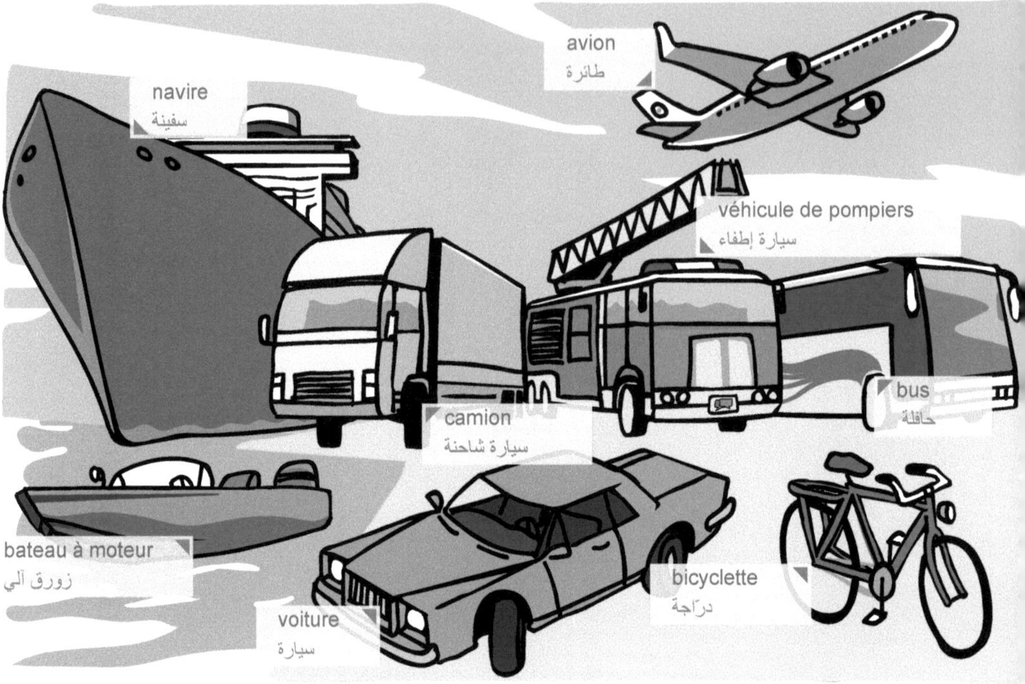

avion
طائرة
navire
سفينة
véhicule de pompiers
سيارة إطفاء
camion
سيارة شاحنة
bus
حافلة
bateau à moteur
زورق آلي
voiture
سيارة
bicyclette
درّاجة

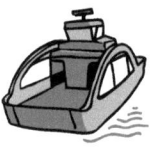

ferry

عبارة

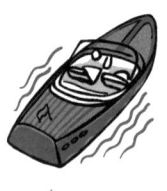

barque

قارب

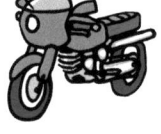

moto

دراجة نارية

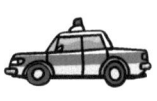

voiture de police

سيارة شرطة

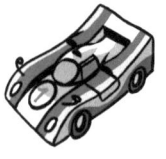

voiture de course

سيارة سباق

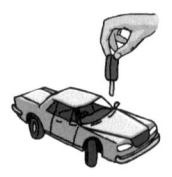

voiture de location

سيارة مستأجرة

auto-partage

أسلوب تشاركي في استئجار السيارات

voiture de remorquage

سيارة للجر

benne à ordures

سيارة نقل القمامة

moteur

محرك

essence

وقود

station d'essence

محطة وقود

panneau indicateur

إشارة مرور

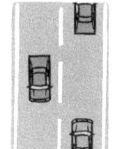

trafic

حركة السير

embouteillage

ازدحام سير

parking

موقف سيارات

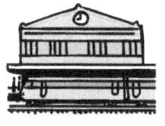

gare

محطة قطار

rails

سكك حديدية

train

قطار

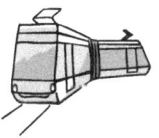

tramway

ترام

wagon

عربة قطار

hélicoptère

طائرة مروحية

aéroport

مطار

tour

برج

passager

مسافر

conteneur

حاوية

carton

علبة كرتون

chariot

عربة يد

corbeille

سلّة

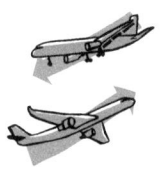

décoller / atterrir

يقلع / يهبط

ville

مدينة

village

قرية

centre-ville

مركز المدينة

maison

بيت

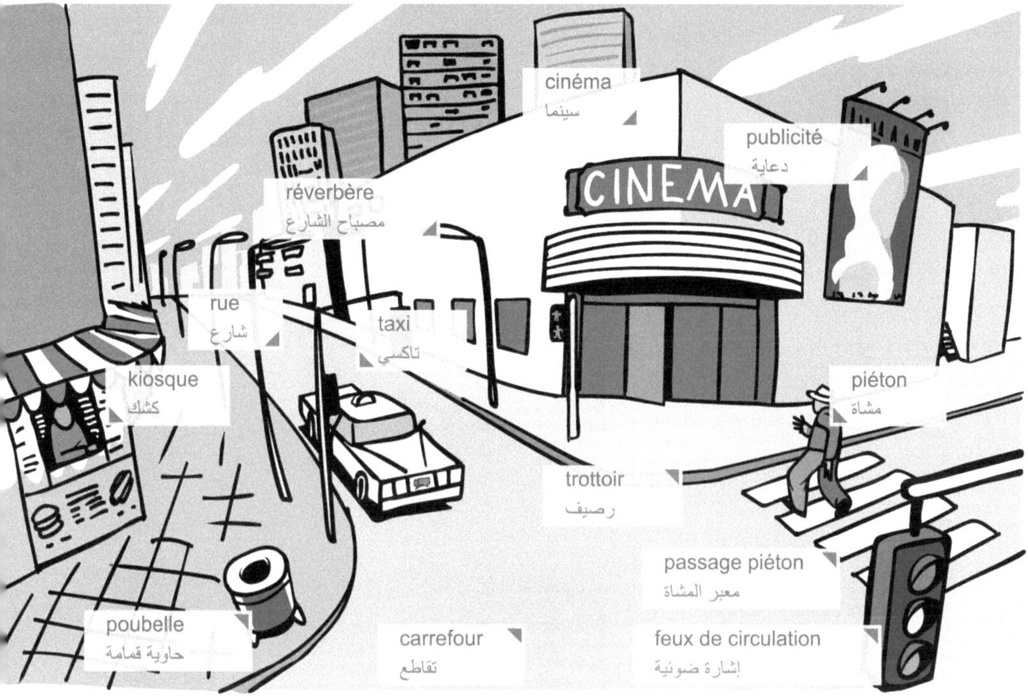

cinéma
سينما

publicité
دعاية

réverbère
مصباح الشارع

CINEMA

rue
شارع

taxi
تاكسي

kiosque
كشك

piéton
مشاة

trottoir
رصيف

passage piéton
معبر المشاة

poubelle
حاوية قمامة

carrefour
تقاطع

feux de circulation
إشارة ضوئية

cabane

كوخ

appartement

شقة

gare

محطة قطار

mairie

دار البلدية

musée

متحف

écolc

المدرسة

université

الجامعة

banque

مصرف

hôpital

المستشفى

hôtel

فندق

pharmacie

صيدلية

bureau

مكتب

librairie

مكتبة

magasin

متجر

fleuriste

محل لبيع الزهور

supermarché

سوبرماركت

marché

سوق

grand magasin

متجر كبير

poissonnerie

تاجر السمك

centre commercial

مركز تسوّق

port

ميناء

parc

حديقة عامة

banque

مقعد

pont

جسر

escaliers

درج، سلم

métro

مترو

tunnel

نفق

arrêt de bus

موقف حافلات

bar

بار

restaurant

مطعم

boîte à lettres

صندوق البريد

panneau indicateur

لافتة باسم الشارع

parcmètre

مقياس زمن الوقوف

zoo

حديقة حيوانات

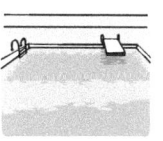

piscine

مسبح

mosquée

مسجد

ferme

مزرعة

pollution

تلوث البيئة

cimetière

مقبرة

église

كنيسة

aire de jeux

ملعب الأطفال

temple

معبد

paysage
طبيعة ريفية

feuille
ورقة

panneau indicateur
علامة إرشاد

chemin
طريق

pré
مرج

pierre
حجر

arbre
شجرة

randonneur
رحالة

rivière
نهر

herbe
عشب

fleur
زهرة

vallée

واد

montagne

جبل

lac

بحيرة

forêt

غابة

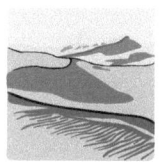

désert

صحراء

volcan

بركان

château

قلعة

arc-en-ciel

قوس قزح

champignon

فطر

palmier

نخلة

moustique

بعوض

mouche

ذبابة

fourmis

نملة

abeille

نحلة

araignée

عنكبوت

coléoptère

خنفساء

grenouille

ضفدعة

écureuil

سنجاب

hérisson

قنفذ

lièvre

أرنب

chouette

بومة

oiseau

عصفور

cygne

بجعة

sanglier

خنزير بري

cerf

غزال

élan

إلكة

barrage

سد

éolienne

دولاب الطاحونة الهوائية

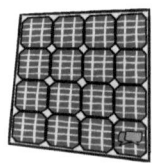

panneau solaire

خلية شمسية

climat

مناخ

restaurant
مطعم

serveur
نادل
menu
لائحة الطعام
chaise
كرسي
soupe
حساء
pizza
بيتزا
nappe
غطاء المائدة
couverts
أدوات المائدة

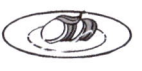

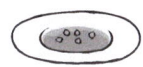

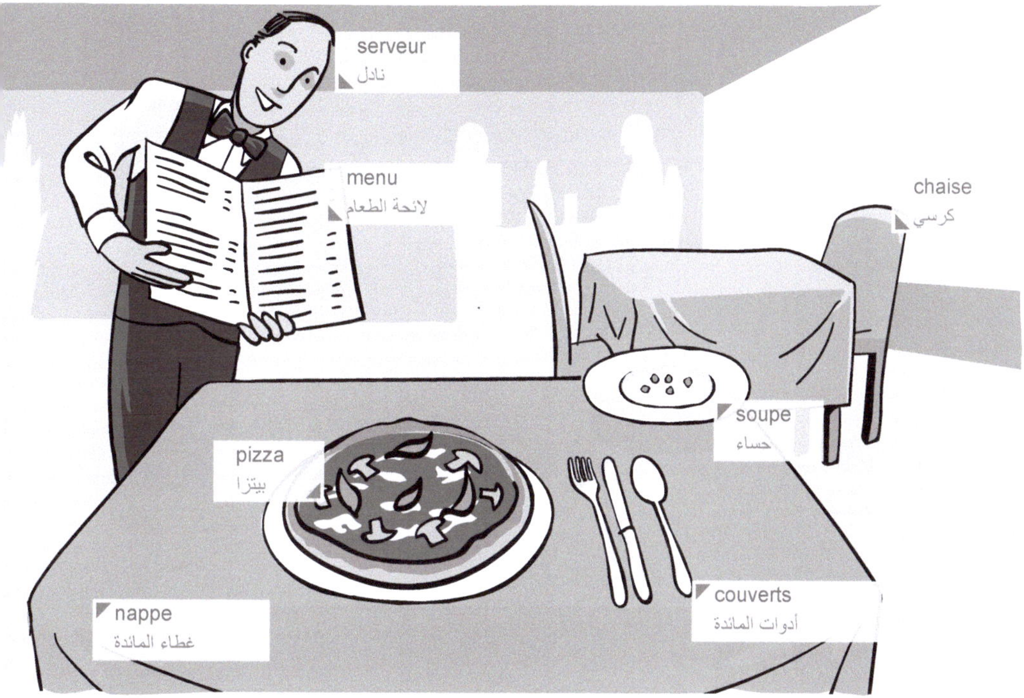

hors d'œuvre

مقبلات

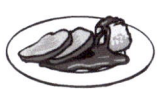

plat principal

الصحن الرئيسي

dessert

حلوى أو فاكهة بعد الطعام

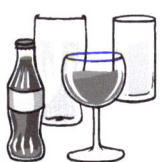

boissons

مشروبات

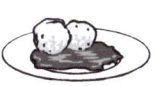

alimentation

طعام

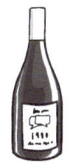

bouteille

زجاجة

fast-food

وجبات سريعة

plats à emporter

طعام الشارع

théière

إبريق الشاي

sucrier

علبة السكر

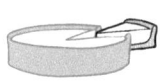

portion

حصّة

machine à expresso

آلة الإسبريسو

chaise haute

كرسي عالٍ

facture

فاتورة

plateau

صينية

couteau

سكين

fourchette

شوكة

cuillère

ملعقة

cuillère à thé

ملعقة الشاي

serviette

منديل المائدة

verre

كأس

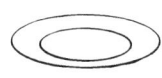

assiette

صحن

assiette à soupe

صحن الحساء

soucoupe

صحن الفنجان

sauce

صلصة

salière

مملحة

moulin à poivre

مطحنة الفلفل

vinaigre

خل

huile

زيت الطعام

épices

توابل

ketchup

كتشاب

moutarde

خردل

mayonnaise

مايونيز

supermarché

سوبرماركت

offre promotionnelle
عرض خاص
FOR
client
زبون
produits laitiers
مشتقات الحليب
fruits
فواكه
chariot
عربة تَسوّق

BUTCHERS

boucherie

جزّار

BAKERY

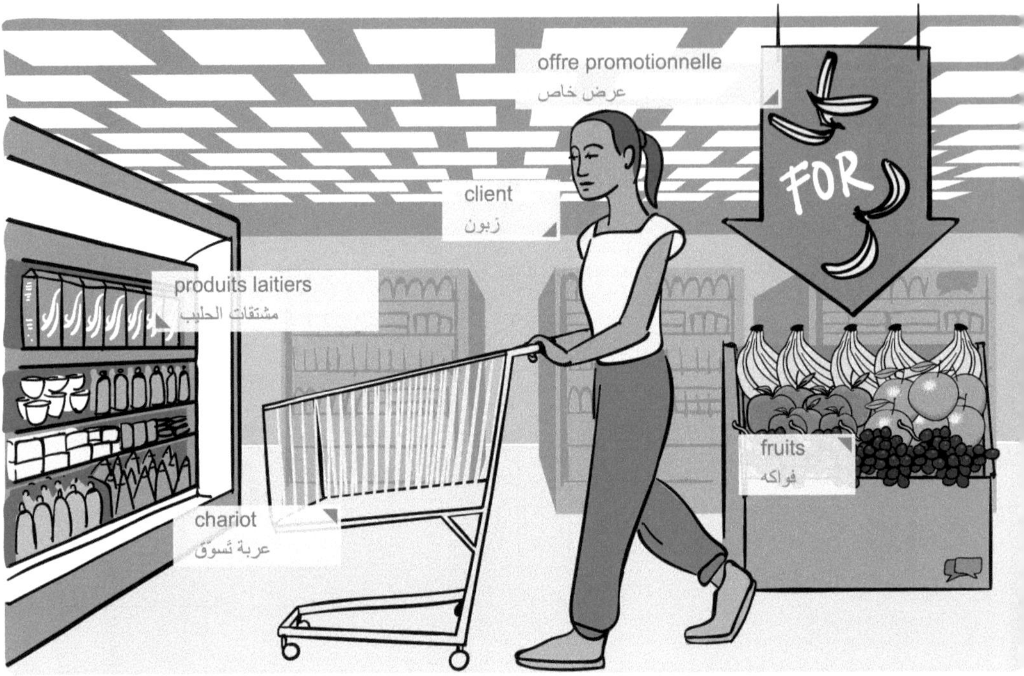

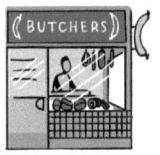

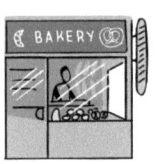

boulangerie

مخبز

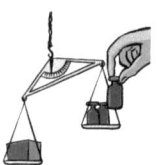

peser

يزن

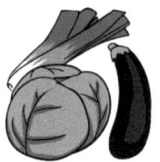

légumes

خضار

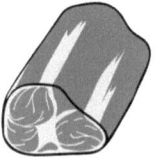

viande

لحم

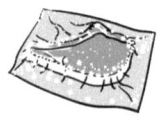

aliments surgelés

المأكولات المجمّدة

charcuterie

مرتدلا أو جبن

conserves

معلبات

poudre à lessive

مسحوق الغسيل

bonbons

حلويات

articles ménagers

المواد المنزلية

détergents

منظفات

vendeuse

بائعة

caisse

صندوق الحساب

caissier

أمين صندوق

liste d'achats

قائمة المشتريات

heures d'ouverture

أوقات العمل

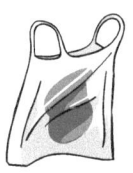

portefeuille

محفظة النقود

carte de crédit

بطاقة ائتمان

sac

حقيبة

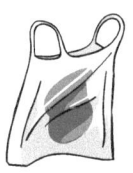

sac en plastique

كيس بلاستيكي

eau

ماء

jus de fruit

عصير

lait

حليب

coca

كولا

vin

نبيذ

bière

بيرة

alcool

كحول

chocolat chaud

كاكاو

thé

شاي

café

قهوة

expresso

قهوة إسبريسو

cappuccino

كابوتشينو

banane

موزة

pomme

تفاح

orange

برتقال

melon

بطيخ

citron

ليمون

carotte

جزرة

ail

ثوم

bambou

خيزران

oignon

بصل

champignon

فطر

noisettes

لوزيات

pâtes

شعيرية

spaghetti

سباغيتي

riz

أرزّ

salade

سلطة

pommes frites

بطاطا مقلية

pommes de terre rôties

بطاطا مقلية

pizza

بيتزا

hamburger

هامبورغر

sandwich

ساندويتش

escalope

شريحة لحم مقلية

jambon

لحم خنزير

salami

سلامي

saucisse

سجق

poulet

دجاج

rôti

لحم محمر

poisson

سمك

flocons d'avoine

دقيق الشوفان

muesli

موسلي

cornflakes

كورن فلكس

farine

طحين

croissant

كرواسان

petits-pains

خبز صغير

pain

خبز

pain grillé

خبز محمص

biscuits

بسكويت

beurre

زبدة

le fromage blanc

لبن زبادي

gâteau

كعكة

œuf

بيضة

œuf au plat

بيض مقلي

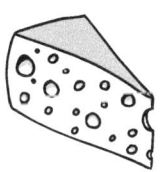

fromage

جبنة

glace

مثلجات

sucre

سكر

miel

عسل

confiture

مربى الفاكهة

crème nougat

كريم النوغا

curry

الكاري

ferme
مزرعة

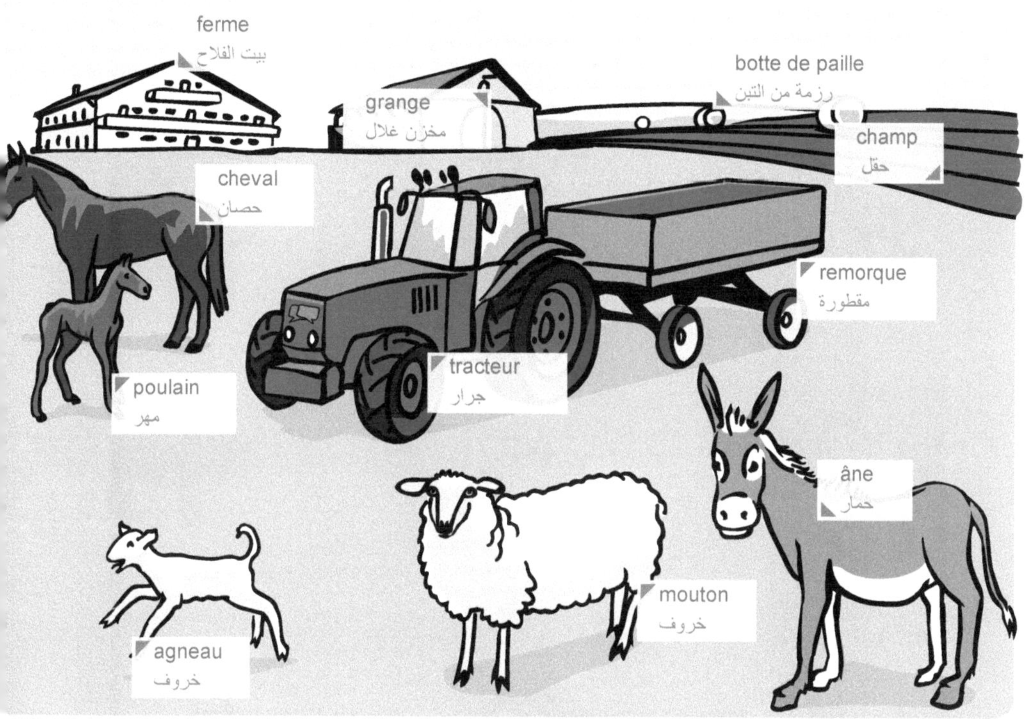
ferme
بيت الفلاح
grange
مخزن غلال
botte de paille
رزمة من التبن
champ
حقل
cheval
حصان
remorque
مقطورة
tracteur
جرار
poulain
مهر
âne
حمار
mouton
خروف
agneau
خروف

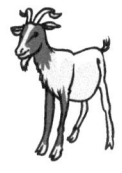

chèvre

ماعز

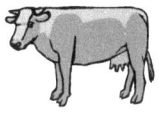

vache

بقرة

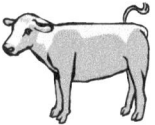

veau

عجل

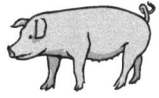

porc

خنزير

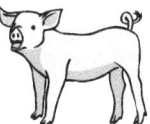

porcelet

خنزير صغير

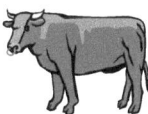

taureau

ثور

oie

إوزّة

canard

بطة

poussin

صوص

poule

دجاجة

coq

ديك

rat

جرذ

chat

قطة

souris

فأر

bœuf

ثور

chien

كلب

chenil

كوخ الكلب

tuyau de jardin

خرطوم الحديقة

arrosoir

إبريق

faucheuse

منجل

charrue

المحراث

faucille

منجل

pioche

معزقة

fourche

مذراة الزبل

hache

بلطة

brouette

عربة يد

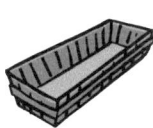

cuve

معلف

pot à lait

صفيحة الحليب

sac

كيس

clôture

سياج

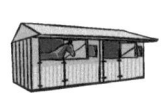

étable

اصطبل

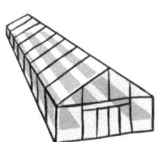

serre

دفيئة

sol

تربة

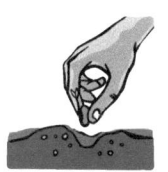

semences

بذور

engrais

سماد

moissonneuse-batteuse

حصادة دراسة

récolter

يحصد

récolte

محصول

igname

بطاطا يامس

blé

قمح

soja

صويا

pomme de terre

بطاطا

maïs

ذرة

colza

سلجم

arbre fruitier

شجرة فاكهة

manioc

نبات منيهوت

céréales

الحبوب

maison

بيت

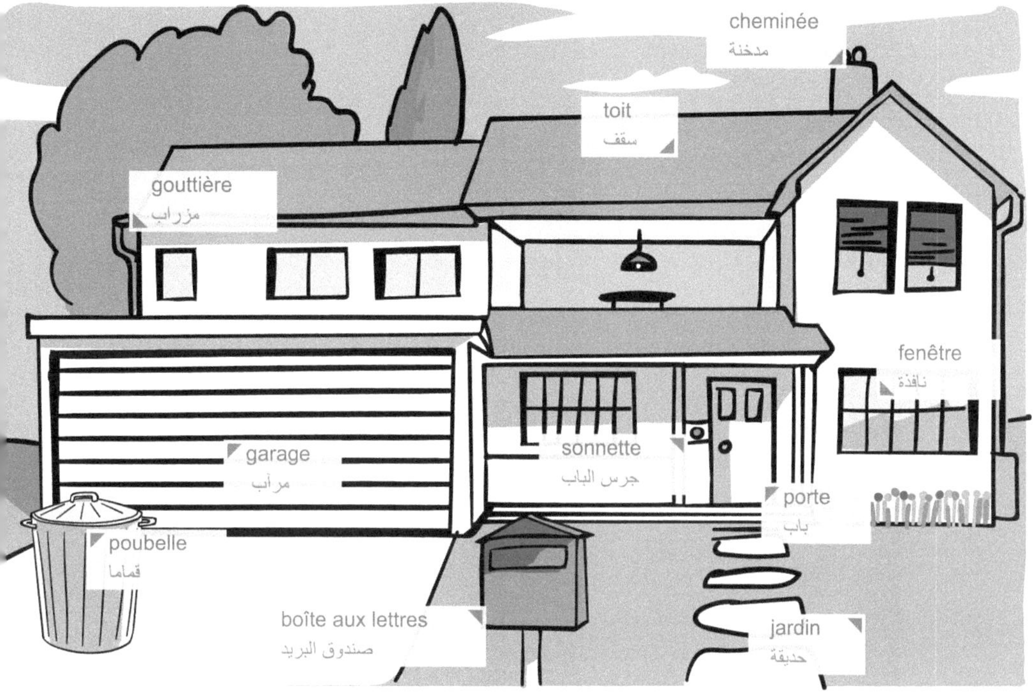
cheminée
مدخنة
toit
سقف
gouttière
مزراب
fenêtre
نافذة
garage
مرآب
sonnette
جرس الباب
porte
باب
poubelle
قماما
boîte aux lettres
صندوق البريد
jardin
حديقة

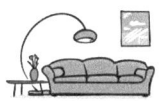

salon

غرفة جلوس

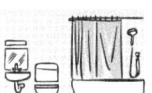

salle de bain

الحمّام

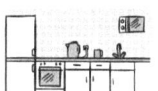

cuisine

مطبخ

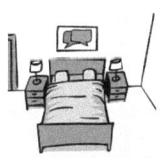

chambre à coucher

غرفة النوم

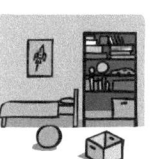

chambre d'enfant

غرفة الأطفال

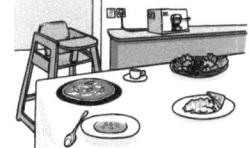

salle à manger

غرفة الطعام

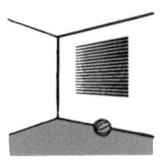

sol

أرضية

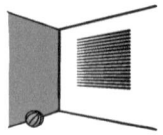

mur

حائط

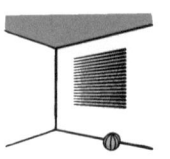

plafond

سقف

cave

قبو

sauna

ساونا

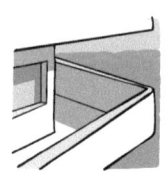

balcon

بلكون

terrasse

شرفة

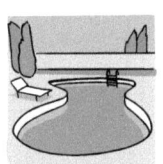

piscine

مسبح

tondeuse à gazon

جزازة العشب

housse

بياضات السرير

couette

بطانية

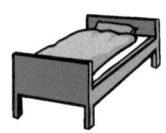

lit

سرير

balai

مكنسة

sceau

سطل

interrupteur

مفتاح كهربائي

salon
غرفة جلوس

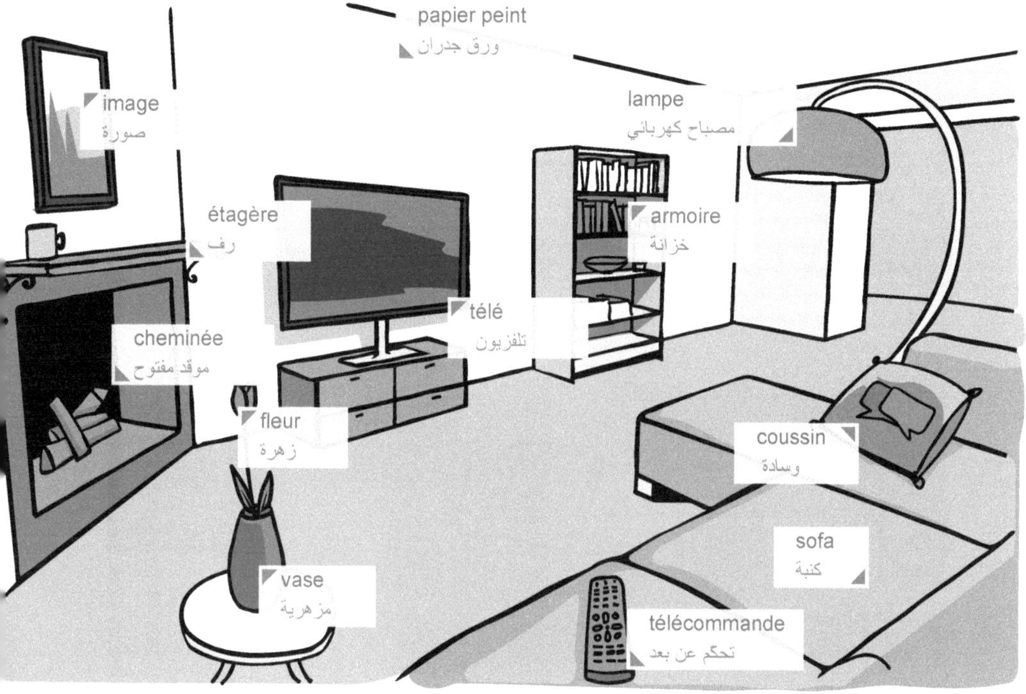

papier peint
ورق جدران
image
صورة
lampe
مصباح كهربائي
étagère
رف
armoire
خزانة
télé
تلفزيون
cheminée
موقد مفتوح
fleur
زهرة
coussin
وسادة
sofa
كنبة
vase
مزهرية
télécommande
تحكم عن بعد

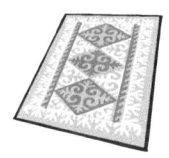

tapis

بصاط

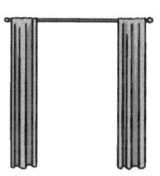

rideau

ستارة

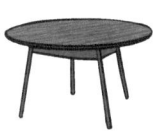

table

طاولة

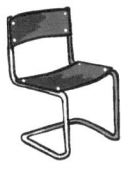

chaise

كرسي

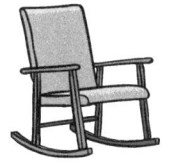

chaise à bascule

كرسي هزّاز

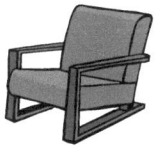

fauteuil

كرسي ذو ذراعين

livre

الكتاب

couverture

بطانية

décoration

زخرفة

bois de chauffage

الحطب

film

فيلم

chaîne hi-fi

تجهيزات ستيريو

clé

مفتاح

journal

جريدة

peinture

لوحة مرسومة

poster

مُلصق

radio

راديو

bloc-notes

دفتر ملاحظات

aspirateur

المكنسة الكهربائية

cactus

صبّار

bougie

شمعة

cuisine
مطبخ

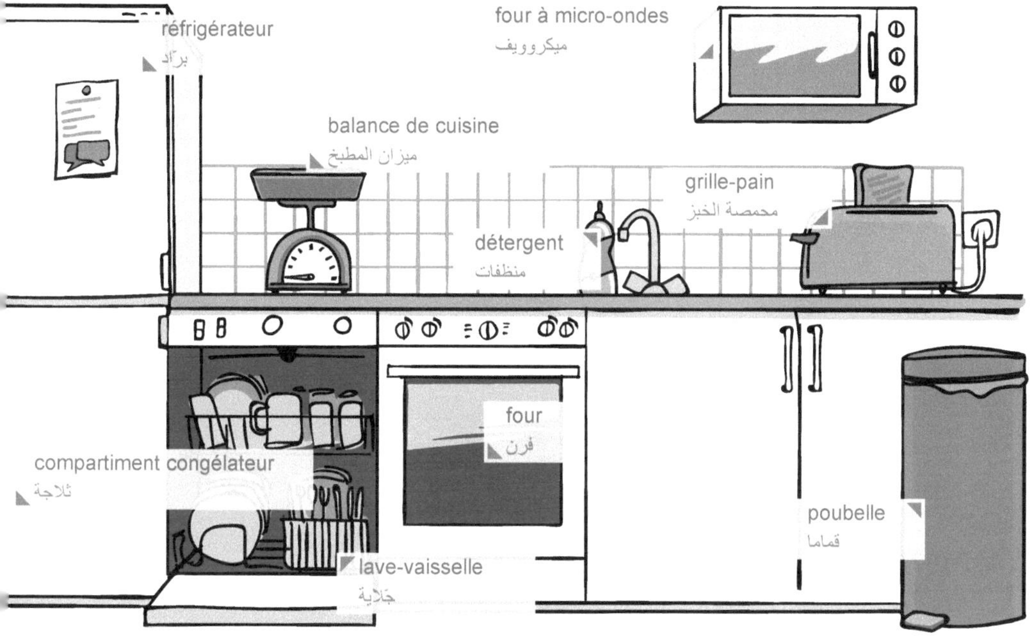

réfrigérateur
برّاد
four à micro-ondes
ميكروويف
balance de cuisine
ميزان المطبخ
grille-pain
محمصة الخبز
détergent
منظفات
four
فرن
compartiment congélateur
ثلاجة
poubelle
قماما
lave-vaisselle
جَلاية

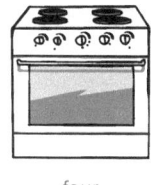

four
موقد

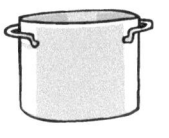

casserole
قدر

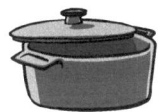

marmite
وعاء من الحديد

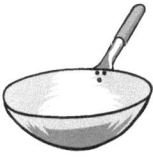

wok / kadai
قدر صيني

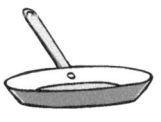

poêle
مقلاة

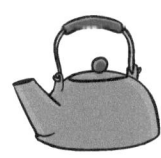

bouilloire electrique
غلاية

cuiseur vapeur

قدر البخار

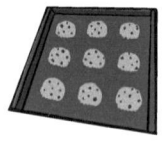

plaque de cuisson

صينية

vaisselle

أواني

gobelet

فنجان

coupe

صحن

baguettes

عيدان الأكل

louche

مغرفة

spatule

ملعقة منبسطة

fouet

خفاقة

passoire

مصفاة

tamis

مصفاة

râpe

مبشرة

mortier

هاون

barbecue

شواء

cheminée

موقد

planche à découper

لوح التقطيع

rouleau à pâtisserie

نشابة

tire-bouchon

مفتاح الزجاجات

boîte

علبة

ouvre-boîte

مفتاح العلب المعدنية

maniques

قماش الفرن

lavabo

مجلى

brosse

فرشاة

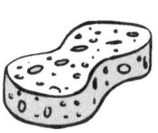

éponge

اسفنج

mixeur

خلاط

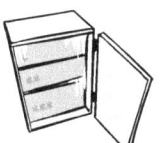

congélateur

مجمّدة

biberon

زجاجة الطفل

robinet

صنبور الماء

salle de bain

الحمّام

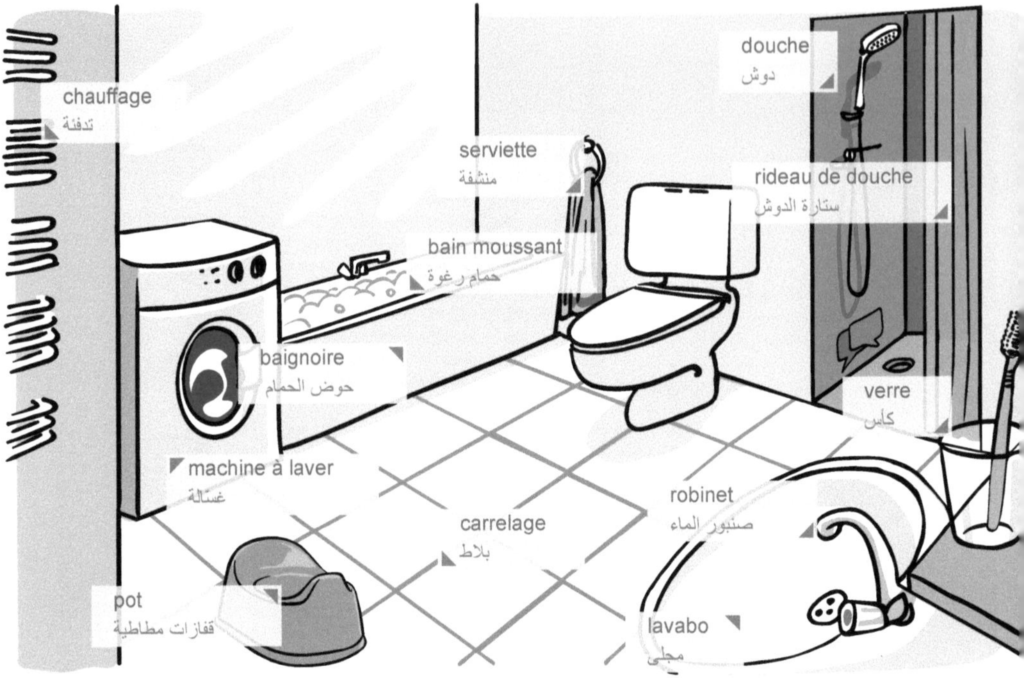

chauffage
تدفئة
serviette
منشفة
douche
دوش
rideau de douche
ستارة الدوش
bain moussant
حمام رغوة
baignoire
حوض الحمام
verre
كأس
machine à laver
غسالة
robinet
صنبور الماء
carrelage
بلاط
pot
قفازات مطاطية
lavabo
مجلى

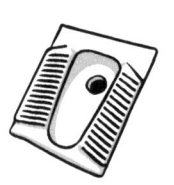

toilettes
حمام

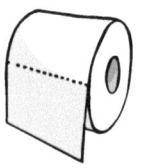

toilette à la turque
مرحاض القرفصاء

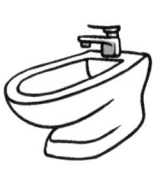

bidet
حوض التشطيف

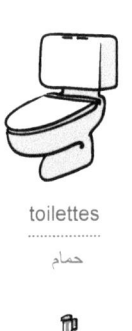

urinoir
مبولة

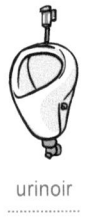

papier toilette
ورق المرحاض

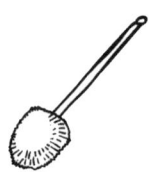

brosse à toilette
فرشاة الحمام

brosse à dents

فرشاة الأسنان

dentifrice

معجون الأسنان

fil dentaire

خيط حرير لتنظيف الأسنان

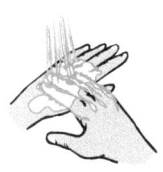

laver

يغسل

douche manuelle

رشاش ماء يدوي

douche intime

شطاف

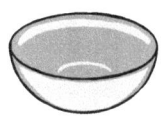

vasque

حوض الغسيل

brosse dorsale

فرشاة الظهر

savon

صابون

gel douche

جيل الدوش

shampooing

شامبو

gant de toilette

ممسحة

écoulement

مصرف للماء

crème

مرهم

déodorant

مزيل الروائح

miroir

مرآة

miroir cosmétique

مرآة يد

rasoir

موس حلاقة

mousse à raser

رغوة الحلاقة

après-rasage

كولونيا

peigne

مشط

brosse

فرشاة

sèche-cheveux

سشوار

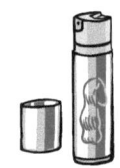

laque pour cheveux

مثبت للشعر

fond de teint

ماكياج

rouge à lèvres

روج

vernis à ongles

طلاء أظافر

ouate

قطن

coupe-ongles

مقص أظافر

parfum

عطر

trousse de toilette

سلة الغسيل

tabouret

مقعد صغير

pèse-personne

ميزان

peignoir

معطف الحمام

gants de nettoyage

قفازات مطاطية

tampon

سدادة قطنية

serviettes hygiéniques

منشفة صحية

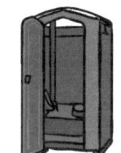

toilette chimique

تواليت كيميائية

chambre d'enfant
غرفة الأطفال

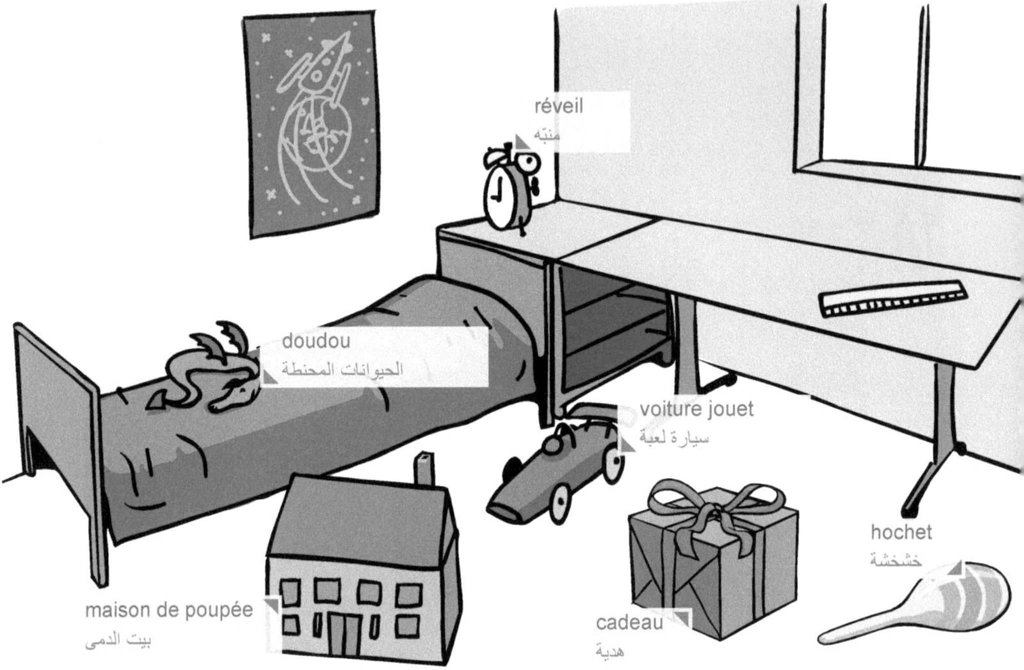
réveil
منبه
doudou
الحيوانات المحنطة
voiture jouet
سيارة لعبة
hochet
خشخشة
maison de poupée
بيت الدمى
cadeau
هدية

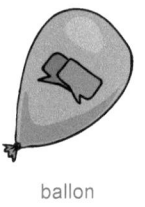

ballon
بالون

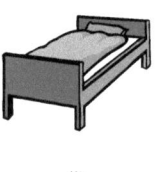

lit
سرير

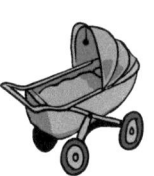

poussette
عربة الأطفال

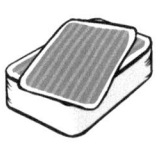

jeu de cartes
لعبة الورق

puzzle
أحجية

SUPER MEGA

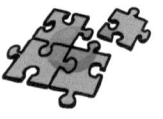

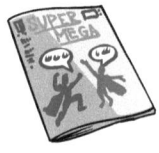

bande dessinée
رسوم هزلية

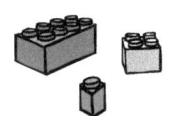

pièces lego

أحجار الليغو

blocs de construction

حجارة تركيب

figurine

دمية بطل

grenouillère

لباس الطفل

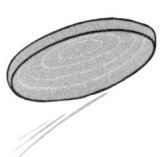

frisbee

فريسبي

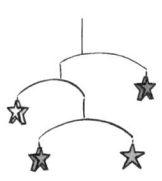

mobile

دمية معلقة

jeu de société

لعبة الطاولة

dé

لعبة النرد

train miniature

لعبة قطار

sucette

مصاصة

fête

حفلة

livre d'images

كتاب مصوّر

balle

كرة

poupée

دمية

jouer

يلعب

bac à sable

ملعب رملي للأطفال

balançoire

أرجوحة

jouets

لعبة

console de jeu

ألعاب فيديو

tricycle

دراجة ثلاثية

ours en peluche

دمية على شكل الدب

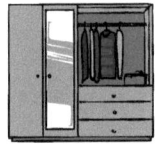

armoire

خزانة الثياب

vêtements

ثياب

chaussettes

جوارب قصيرة

bas

جوارب طويلة

collant

جورب بنطلون

écharpe
شال

parapluie
شمسية

t-shirt
تي شيرت

ceinture
حزام

bottes
حذاء شتوي

pantoufles
شبشب

baskets
أحذية رياضية

sandales
صندل

chaussures
حذاء

bottes de caoutchouc
جزمة كاوتشوك

sous-vêtements
سروال داخلي

soutien-gorge
صدارة

maillot de corps
قميص داخلي

body

لباس ملاصق للجسم

pantalon

بنطلون

jean

جينز

jupe

تنورة

chemisier

بلوزة

chemise

قميص

pull

سترة قطنية

sweat à capuche

كنزة كم طويل

veste

سترة فضفاضة

veste

سترة

manteau

معطف

imperméable

معطف مطري

costume

زي - طقم نسائي

robe

ثوب

robe de mariée

ثوب الزفاف

costume

طقم

chemise de nuit

قميص نوم

pyjama

بيجاما

sari

ساري

foulard

حجاب

turban

عمامة

burqa

برقع

caftan

قفطان

abaya

عباءة

maillot de bain

مايوه

maillot de bain

سروال سباحة

short

شورت

tenue d'entraînement

بدلة رياضية

tablier

منزر

gants

قفازات

bouton

زر

lunettes

نظارة

bracelet

إسوارة

collier

عقد

bague

خاتم

boucle d'oreille

قرط

bonnet

طاقية

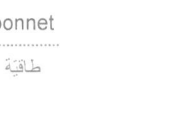

cintre

علاقة ثياب

chapeau

قبعة

cravate

ربطة العنق

fermeture éclair

سحاب

casque

خوذة

bretelles

حمالة البنطلون

uniforme scolaire

اللباس المدرسي

uniforme

زي موحّد

bavoir
....
مريلة الأطفال

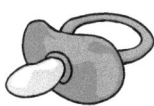

sucette
....
مصاصة

lange
....
لفافة

bureau
مكتب

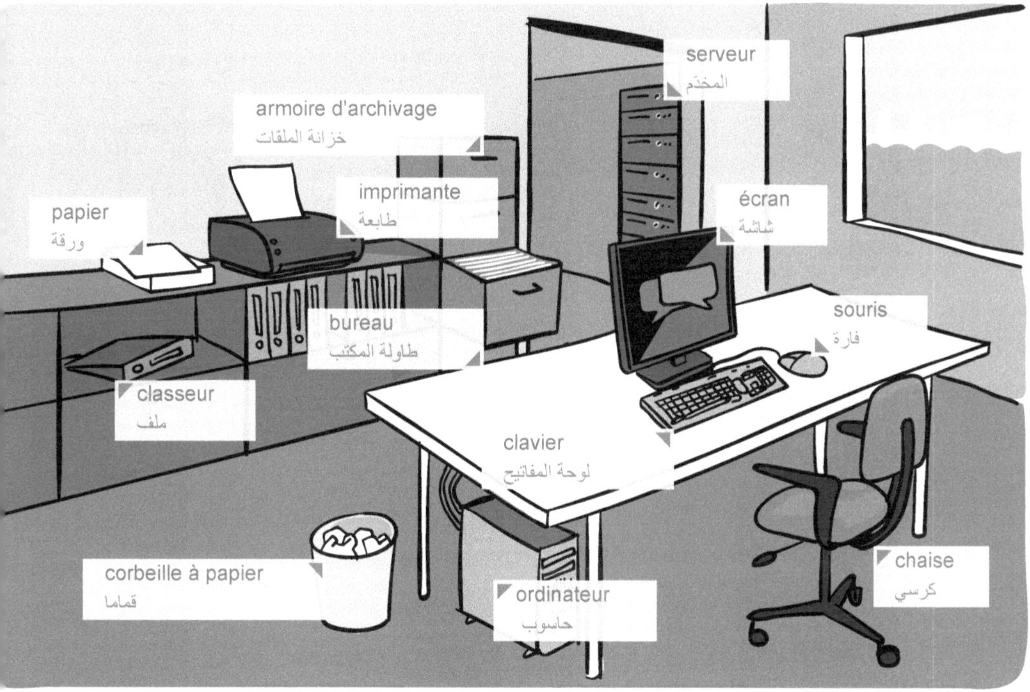

serveur
المخدّم

armoire d'archivage
خزانة الملفات

imprimante
طابعة

écran
شاشة

papier
ورقة

souris
فأرة

bureau
طاولة المكتب

classeur
ملف

clavier
لوحة المفاتيح

corbeille à papier
قماما

chaise
كرسي

ordinateur
حاسوب

tasse de café

كأس من القهوة

calculatrice

الآلة الحاسبة

internet

الإنترنت

ordinateur portable

الحاسوب المحمول

lettre

رسالة

message

خبر

portable

الهاتف المحمول

réseau

شبكة

photocopieuse

جهاز تصوير

logiciel

البرمجيات

téléphone

هاتف

prise

مقبس كهربائي

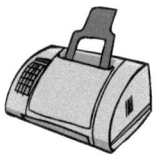

fax

فاكس

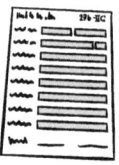

formulaire

استمارة

document

وثيقة

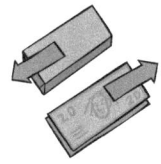

acheter

يشتري

payer

يدفع

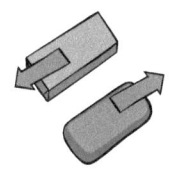

faire du commerce

يتاجر

monnaie

مال

dollar

دولار

euro

يورو

yen

ين

rouble

روبل

franc suisse

فرنك سويسري

renminbi yuan

يوان

roupie

روبية

distributeur automatique

صرّاف الي

bureau de change

مكتب صرافة

or

ذهب

argent

فضة

pétrole

نفط

énergie

طاقة

prix

سعر

contrat

عقد

taxe

ضريبة

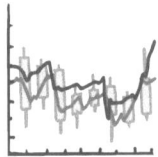

action

سهم

travailler

يعمل

employé

موظف

employeur

رب العمل

usine

مصنع

magasin

متجر

professions
المِهَن

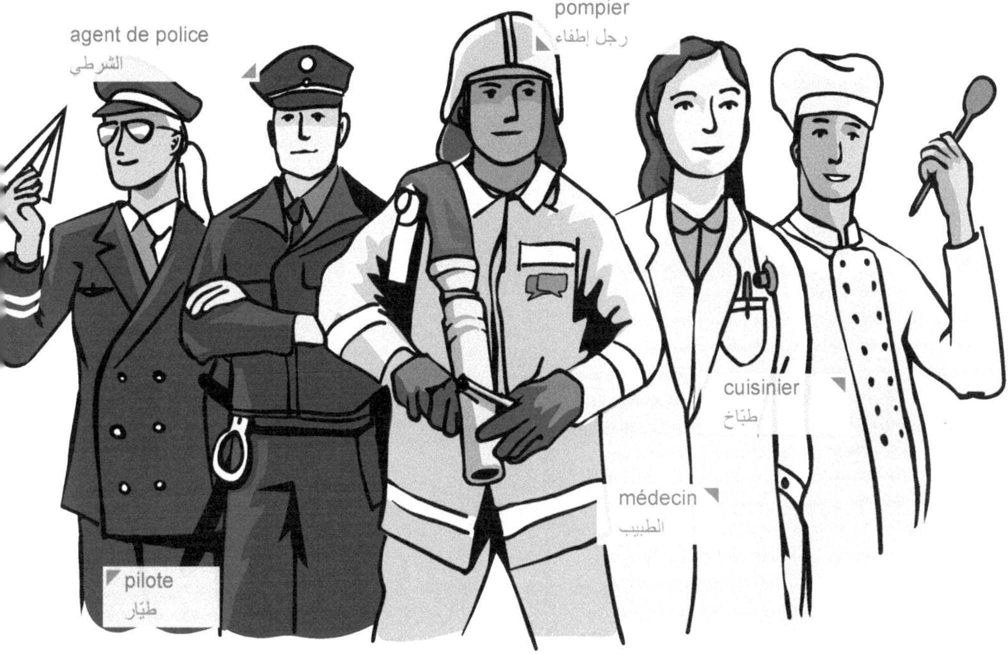

pompier
رجل إطفاء
agent de police
الشرطي
cuisinier
طبّاخ
médecin
الطبيب
pilote
طيّار

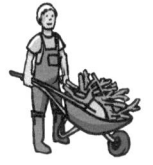

jardinier

بستاني

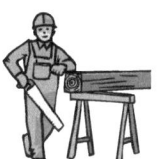

menuisier

نجّار

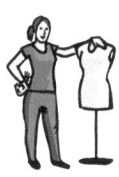

couturière

خيّاطة

juge

قاض

chimiste

كيميائي

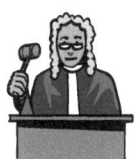

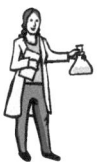

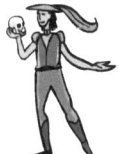

acteur

ممثل

conducteur de bus

سائق حافلة

chauffeur de taxi

سائق تاكسي

pêcheur

صياد سمك

femme de ménage

أجيرة للتنظيف

couvreur

بناء سقف

serveur

نادل

chasseur

صيّاد

peintre

رسّام

boulanger

خباز

électricien

كهربائي

ouvrier

عامل بناء

ingénieur

مهندس

boucher

لحام

plombier

سمكري

facteur

ساعي البريد

soldat

جندي

architecte

مهندس معماري

caissier

أمين صندوق

fleuriste

بائع الزهور

coiffeur

حلاق

contrôleur

مراقب القطار

mécanicien

ميكانيكي

capitaine

قبطان

dentiste

طبيب أسنان

scientifique

رجل العلم

rabbin

حاخام

imam

امام

moine

راهب

prêtre

كاهن

outils

عدة عمل

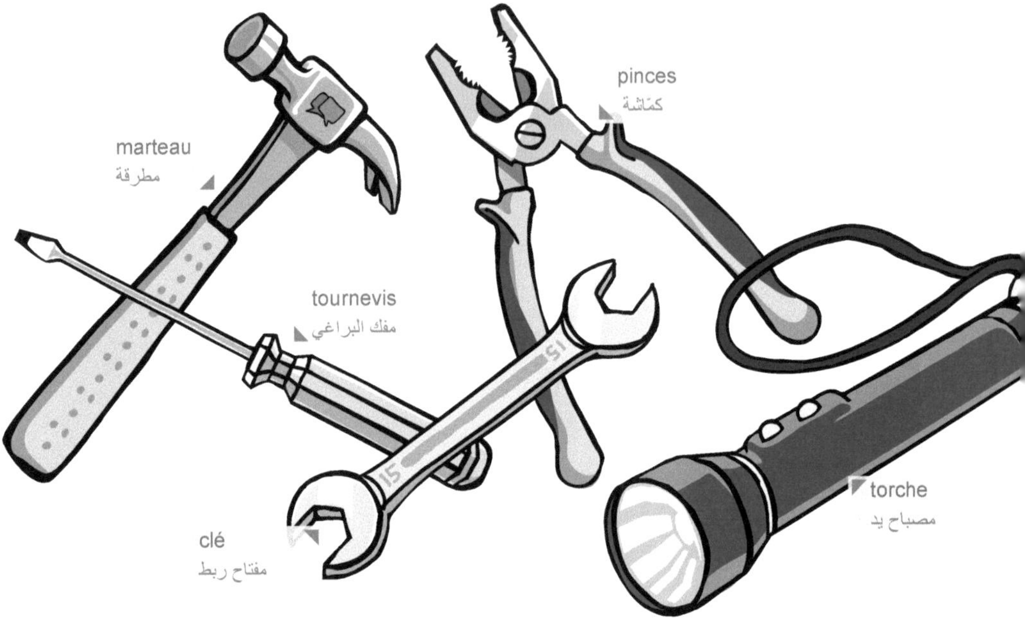

pinces
كمّاشة
marteau
مطرقة
tournevis
مفك البراغي
torche
مصباح يد
clé
مفتاح ربط

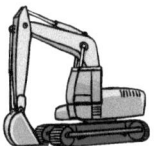

pelleteuse
جرافة

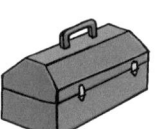

boîte à outils
صندوق العدة

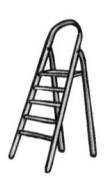

échelle
سلّم

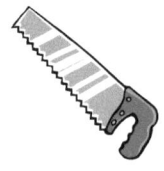

scie
منشار

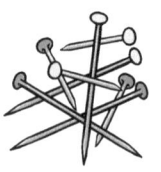

clous
مسامير

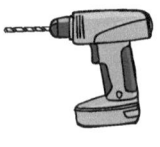

perceuse
مثقب

réparer

يصلح

pelle

مجرفة

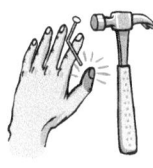

Mince !

اللعنة

pelle

لقاطة الكناسة

pot de peinture

سطل الألوان

vis

براغي

instruments de musique

آلات موسيقية

haut-parleurs

مكبر الصوت

batterie

الآت الإيقاع

guitare

غيتار

contrebasse

كمان أجهر

trompette

بوق

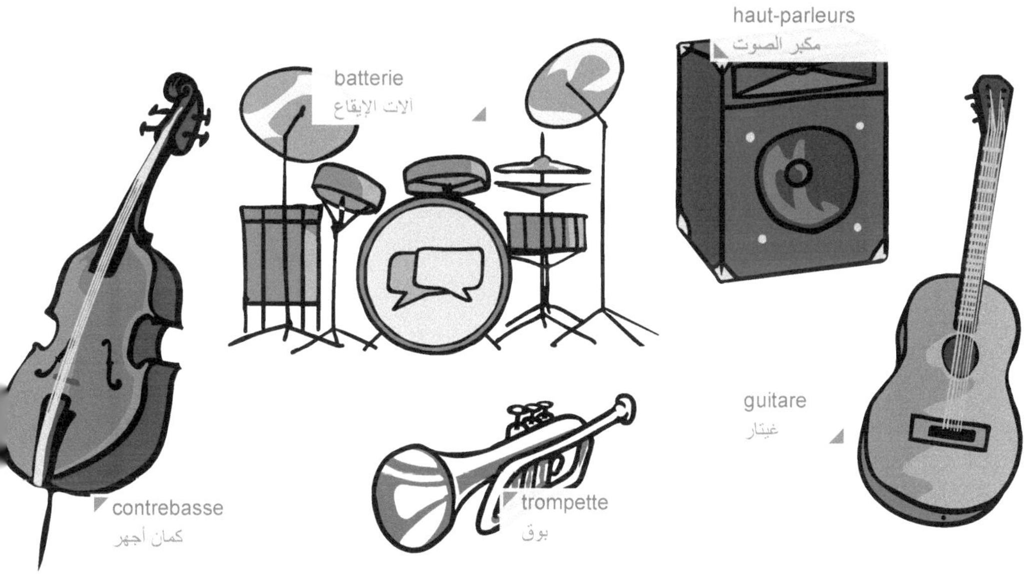

piano

بيانو

violon

كمنجة

basse

جهير

timbales

طبل كبير

tambour

طبل

piano électrique

بيانو كهربائي

saxophone

ساكسوفون

flûte

ناي

microphone

ميكروفون

ZOO

حديقة حيوانات

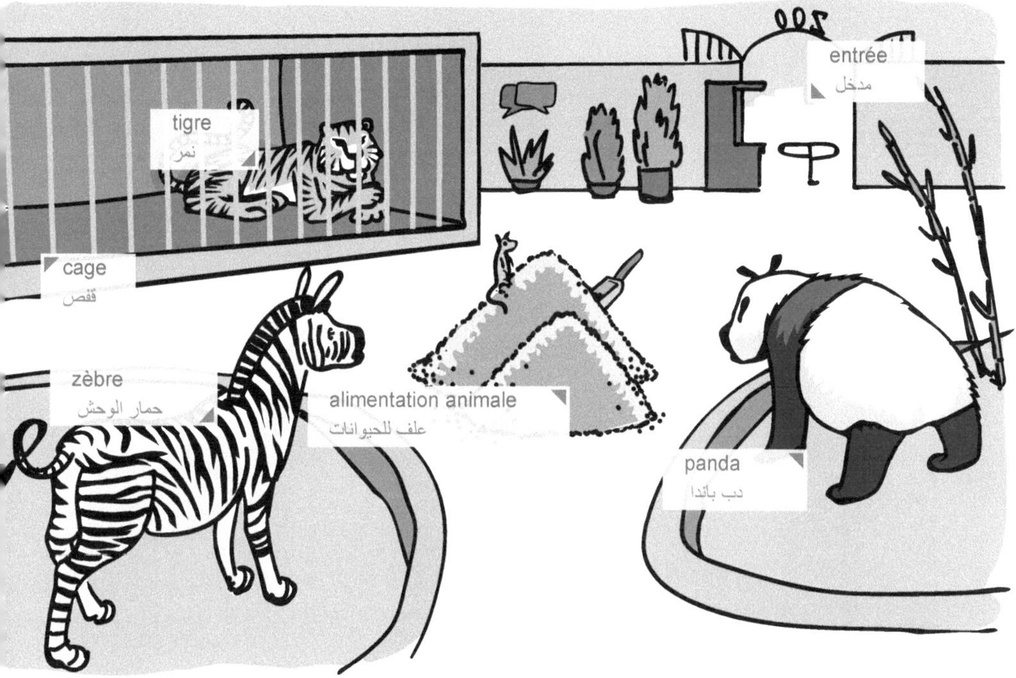
entrée
مدخل
tigre
نمر
cage
قفص
zèbre
حمار الوحش
alimentation animale
علف للحيوانات
panda
دب باندا

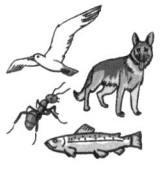

animaux

حيوانات

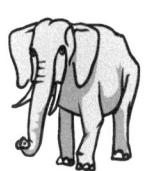

éléphant

فيل

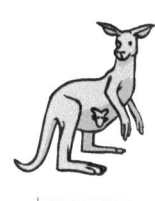

kangourou

كنغر

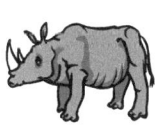

rhinocéros

وحيد القرن

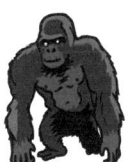

gorille

غوريلا

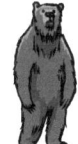

ours

دب

chameau

جمل

autruche

نعامة

lion

أسد

singe

قرد

flamand rose

طائر فلامينغو

perroquet

ببغاء

ours polaire

دب قطبي

pingouin

بطريق

requin

سمك القرش

paon

طاووس

serpent

أفعى

crocodile

تمساح

gardien de zoo

حارس في حديقة الحيوان

phoque

عجل البحر

jaguar

نمر أمريكي مرقط

poney

فرس قزم

léopard

نمر

hippopotame

فرس النهر

girafe

زرافة

aigle

نسر

sanglier

خنزير بري

poisson

سمك

tortue

سلحفاة

morse

حيوان فظ البحري

renard

ثعلب

gazelle

غزال

american Football
كرة القدم الأمريكية

cyclisme
ركوب الدراجات

tennis
كرة التنس

basket-ball
كرة السلة

natation
السباحة

boxe
الملاكمة

hockey sur glace
هوكي الجليد

football
كرة القدم

badminton
الريشة الطائرة

athlétisme
ألعاب القوى الخفيفة

handball
كرة اليد

ski
التزلج على الثلج

polo
بولو

activités

نشاطات

rire
يضحك
sauter
يقفز
embrasser
يعانق
marcher
يمشي
chanter
يغني
rêver
يحلم
prier
يصلي
faire la bise
يقبل

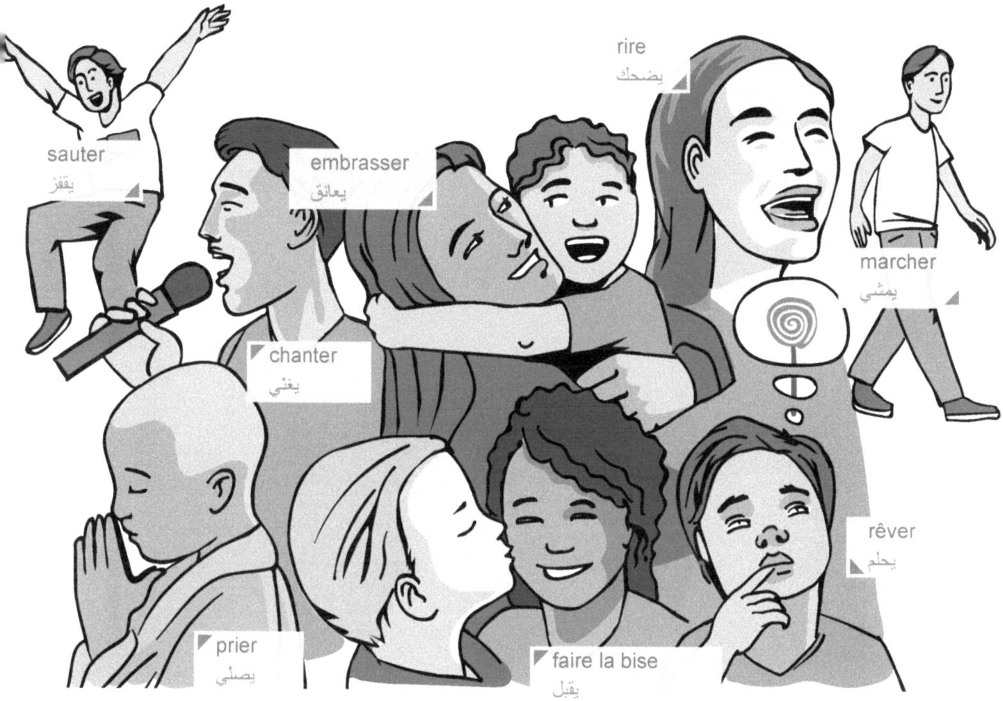

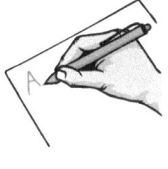

écrire

يكتب

dessiner

يرسم

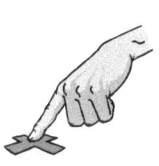

montrer

يُري

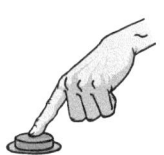

pousser

يدفع

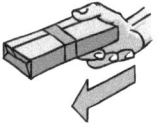

donner

يعطي

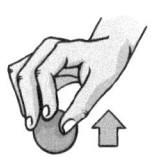

prendre

يأخذ

avoir

يملك

faire

يعمل

être

يوجد

être debout

يقف

courir

يركض

trier

يسحب

jeter

يرمي

tomber

يقع

être couché

يستلقي

attendre

ينتظر

porter

يحمل

être assis

يجلس

s'habiller

يلبس

dormir

ينام

se réveiller

يستيقظ

regarder

ينظر إلى ..

pleurer

يبكي

caresser

يمسّد

peigner

يمشط

parler

يتكلم

comprendre

يفهم

demander

يسأل

écouter

يسمع

boire

يشرب

manger

ياكل

ranger

يرتّب

aimer

يحبّ

cuire

يطبخ

conduire

يقود

voler

يطير

faire de la voile

يبحر بزورق شراعي

calculer

يحسب

lire

يقرأ

apprendre

يتعلم

travailler

يعمل

se marier

يتزوج

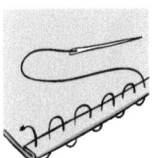

coudre

يخيط

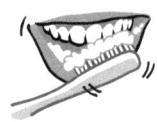

brosser les dents

ينظف أسنانه

tuer

يقتل

fumer

يدخّن

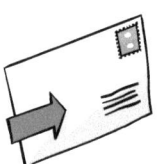

envoyer

يرسل

famille
عائلة

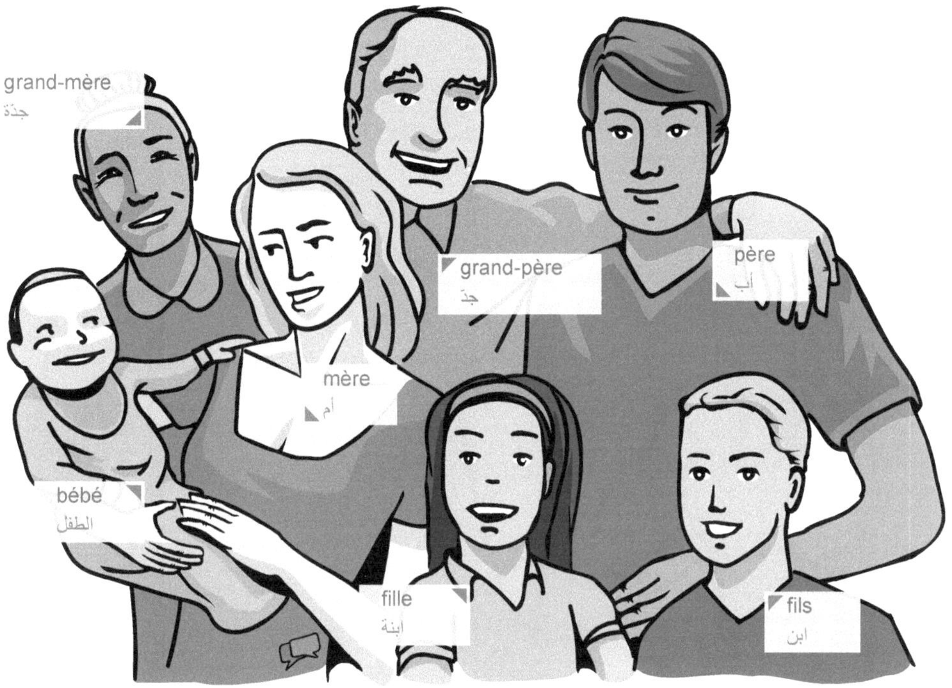
grand-mère
جدّة
grand-père
جدّ
père
أب
mère
أم
bébé
الطفل
fille
ابنة
fils
ابن

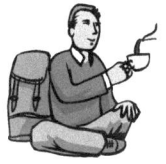

hôte

ضيف

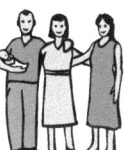

tante

عمّة / خالة

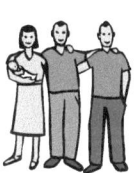

oncle

عمّ / خال

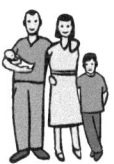

frère

أخ

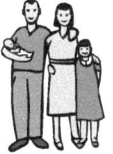

sœur

أخت

corps
الجسم

front
الجبين
œil
العين
épaule
الكتف
doigt
الإصبع
visage
الوجه
menton
الذقن
main
اليد
jambe
الساق
poitrine
الصدر
bras
الذراع

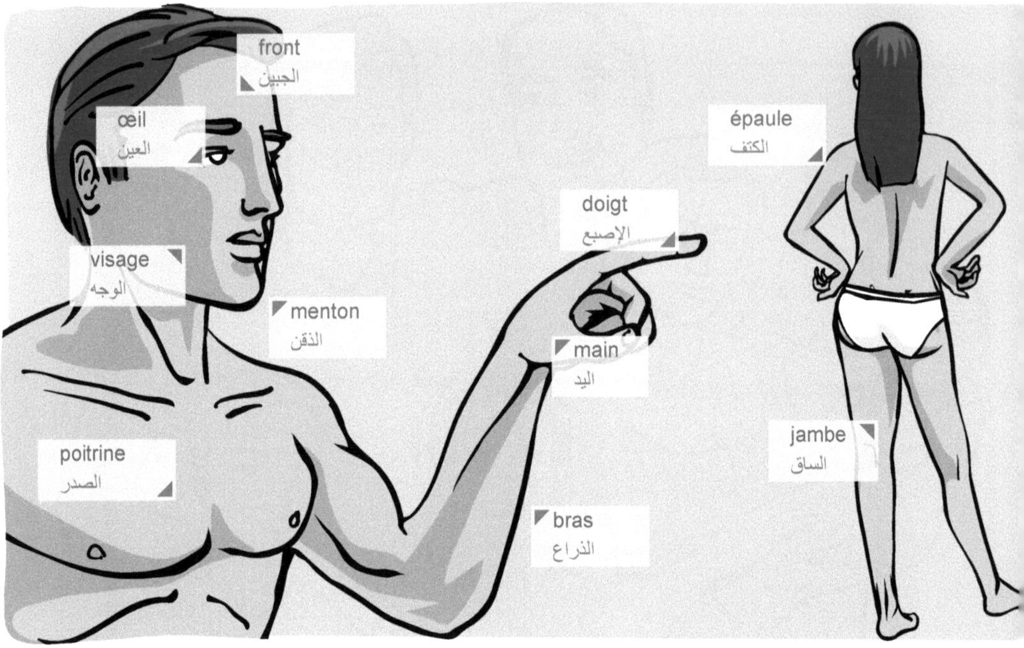

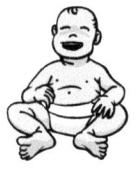

bébé

الطفل

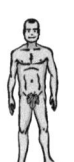

homme

الرجل

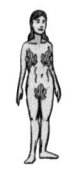

femme

المرأة

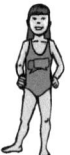

fille

البنت

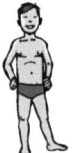

garçon

الولد

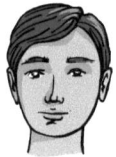

tête

الرأس

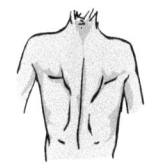

dos

الظهر

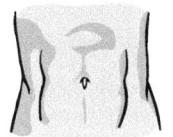

ventre

البطن

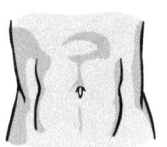

nombril

السرّة

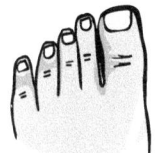

orteil

اصبع القدم

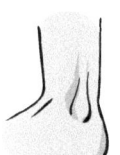

talon

الكعب

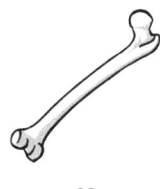

os

العظم

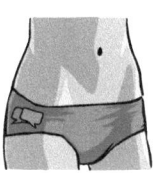

hanche

الورك

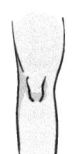

genou

الركبة

coude

المرفق

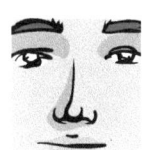

nez

الأنف

fesses

العجُز

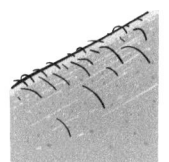

peau

البشرة

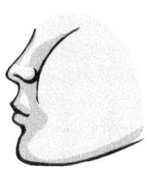

joue

الخد

oreille

الأذن

lèvre

الشفة

bouche

القم

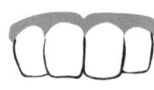

dent

السن

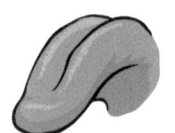

langue

اللسان

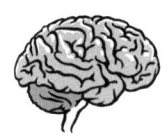

cerveau

الدماغ

cœur

القلب

muscle

العضلة

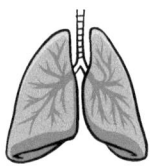

poumons

الرئة

foie

الكبد

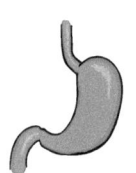

estomac

المعدة

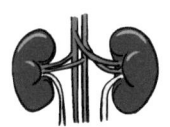

reins

الكلى

rapport sexuel

الاتصال الجنسي

préservatif

الواقي المطاطي

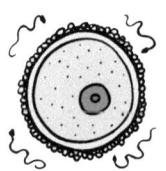

ovule

البويضة

sperme

المنيّ

grossesse

الحمل

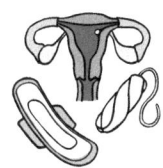

menstruation

الحيض

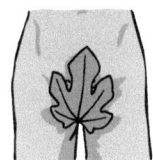

vagin

المهبل

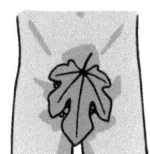

pénis

القصيب

sourcil

الحاجب

cheveux

الشعر

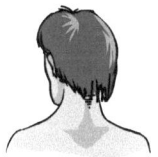

cou

الرقبة

hôpital
المستشفى

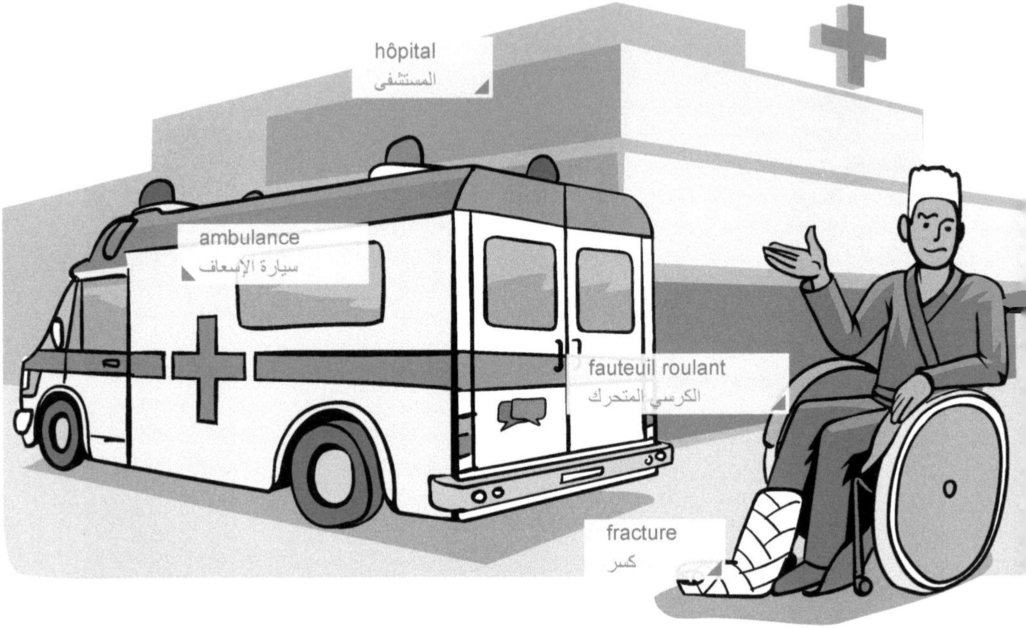

hôpital
المستشفى
ambulance
سيارة الإسعاف
fauteuil roulant
الكرسي المتحرك
fracture
كسر

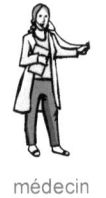

médecin

الطبيب

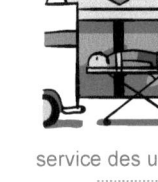

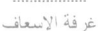

service des urgences

غرفة الإسعاف

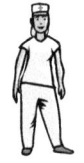

infirmière

الممرضة

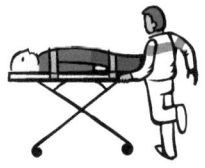

urgence

حالة

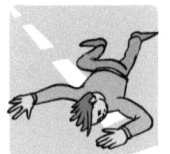

inconscient

مغمى عليه

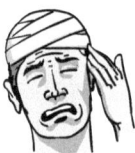

douleur

الألم

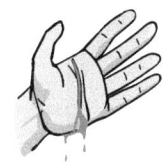

blessure

اصابة

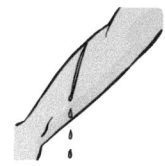

hémorragie

النزيف

crise cardiaque

احتشاء القلب

attaque cérébrale

جلطة

allergie

حساسية

toux

السعال

fièvre

الحُمّى

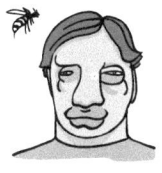

grippe

إنفلونزا

diarrhée

الاسهال

mal de tête

وجع الرأس

cancer

السرطان

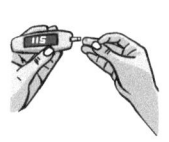

diabète

مرض السكر

chirurgien

جرّاح

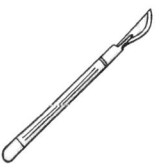

scalpel

مبضع

opération

عملية

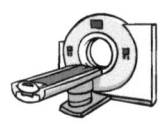

CT

سيتي سكان

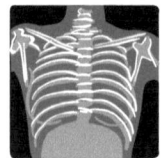

radiographie

الأشعة السينية

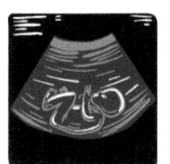

échographie

فوق الصوتي

masque

القناع

maladie

المرض

salle d'attente

غرفة الانتظار

béquille

العُكّاز

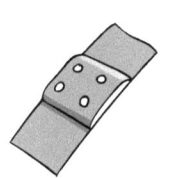

pansement

شريط لاصق

pansement

ضماد

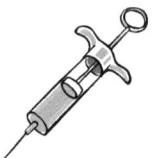

injection

حقنة

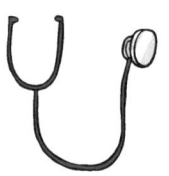

stéthoscope

سمّاعة الطبيب

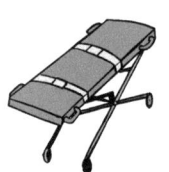

brancard

نقالة

thermomètre

ميزان حرارة

accouchement

ولادة

surcharge pondérale

وزن زائد

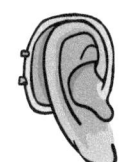

appareil auditif

جهاز السمع

désinfectant

المواد المعقمة

infection

عدوى

virus

فيروس

VIH / sida

الإيدز

médicament

الطب

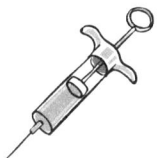

vaccination

اللقاح

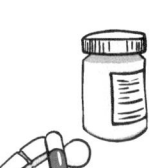

comprimés

أقراص الدواء

pilule

حبّة الدواء

appel d'urgence

نداء النجدة

tensiomètre

مقياس ضغط الدم

malade / sain

مريض / صحيح

Au secours !

النجدة!

alarme

إنذار

assaut

اعتداء

attaque

هجوم

danger

خطر

sortie de secours

مخرج طوارى

Au feu!

حريق!

extincteur

جهاز الإطفاء

accident

حادث

trousse de premier secours

حقيبة الإسعاف الأولي

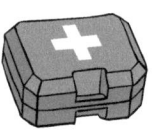

SOS

أنقذونا

police

الشرطة

Europe

أوروبا

Amérique du Nord

أمريكا الشمالية

Amérique du Sud

أمريكا الجنوبية

Afrique

أفريقيا

Asie

أسيا

Australie

أستراليا

Océan atlantique

المحيط الأطلسي

Océan pacifique

المحيط الهادي

Océan indien

المحيط الهندي

Océan antarctique

المحيط المتجمد الجنوبي

Océan arctique

المحيط المتجمد الشمالي

pôle nord

القطب الشمالي

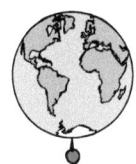

pôle sud

القطب الجنوبي

Antarctique

منطقة القطب الجنوبي

terre

أرض

pays

بر

mer

بحر

île

جزيرة

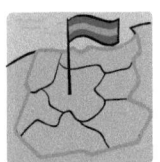

nation

أمة

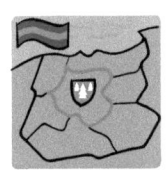

état

دولة

cadran

ميناء الساعة

aiguille des heures

عقرب الساعات

aiguille des minutes

عقرب الدقائق

aiguille des secondes

عقرب الثواني

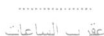

Quelle heure est-il ?

كم الساعة الآن؟

jour

يوم

temps

زمن

maintenant

الآن

montre digitale

ساعة رقمية

minute

دقيقة

heure

ساعة

lundi
الإثنين

mercredi
الأربعاء

vendredi
الجمعة

MO

W

FR

TU

TH

SA

samedi
السبت

SO

mardi
الثلاثاء

jeudi
الخميس

dimanche
الأحد

hier

الأمس

aujourd'hui

اليوم

demain

غداً

matin

الصباح

midi

الظهر

soir

المساء

MO	TU	WE	TH	FR	SA	SU
1	2	3	4	5	6	7
8	9	10	11	12	13	14
15	16	17	18	19	20	21
22	23	24	25	26	27	28
29	30	31	1	2	3	4

jours ouvrables

أيام العمل

MO	TU	WE	TH	FR	SA	SU
1	2	3	4	5	6	7
8	9	10	11	12	13	14
15	16	17	18	19	20	21
22	23	24	25	26	27	28
29	30	31	1	2	3	4

week-end

نهاية الأسبوع

pluie
مطر

arc-en-ciel
قوس قزح

neige
ثلج

vent
ريح

printemps
الربيع

automne
الخريف

été
الصيف

hiver
الشتاء

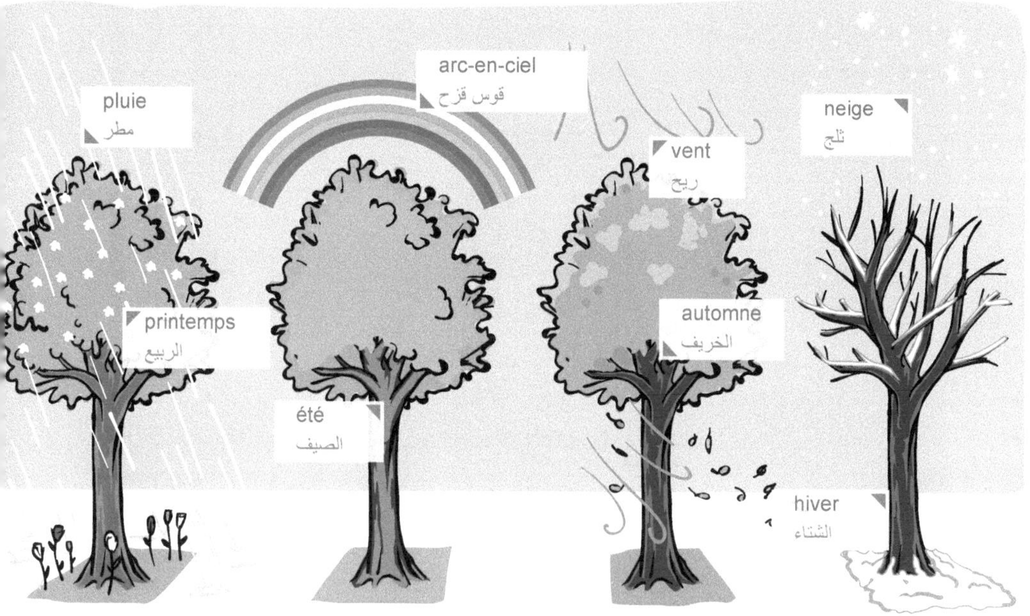

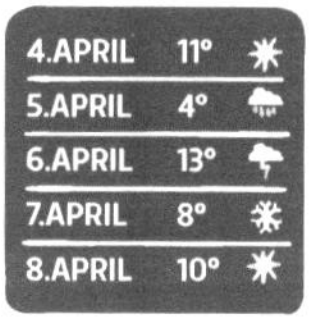

météo
التنبؤ بالحالة الجوية

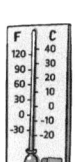

thermomètre
مقياس حرارة

lumière du soleil
ضوء الشمس

nuage
سحابة

brouillard
ضباب

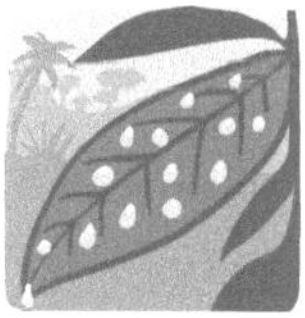

humidité
رطوبة الجو

foudre

برق

tonnerre

رعد

tempête

عاصفة

grêle

برد

mousson

ريح موسمية

inondation

طوفان

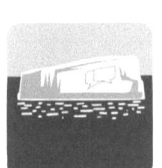

glace

جليد

janvier

كانون الثاني / يناير

février

شباط / فبراير

mars

اذار / مارس

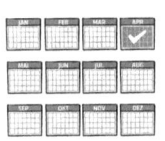

avril

نيسان / أبريل

mai

أيار / مايو

juin

حزيران / يونيو

juillet

تموز / يوليو

août

أب / أغسطس

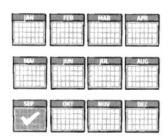

septembre

أيلول / سبتمبر

octobre

تشرين الأول / أكتوبر

novembre

تشرين الثاني / نوفمبر

décembre

كانون الأول / ديسمبر

formes

أشكال

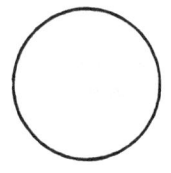

cercle

دائرة

carré

مربّع

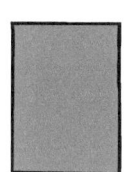

rectangle

مستطيل

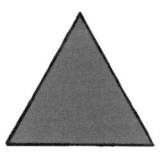

triangle

مثلّث

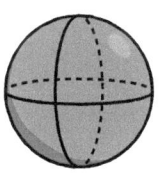

sphère

كرة

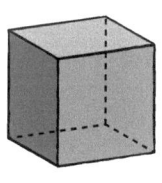

cube

مكعّب

blanc

أبيض

jaune

أصفر

orange

برتقالي

rose

وردي

rouge

أحمر

violet

بنفسجي

bleu

أزرق

vert

أخضر

marron

بني

gris

رمادي

noir

أسود

beaucoup / peu

كثير / قليل

fâché / calme

غضبان / هادئ

joli / laid

جميل / قبيح

début / fin

بداية / نهاية

grand / petit

كبير / صغير

clair / obscure

فاتح / قاتم

frère / soeur

أخ / أخت

propre / sale

نظيف / وسخ

complet / incomplet

كامل / ناقص

jour / nuit

نهار / ليل

mort / vivant

ميت / حيّ

large / étroit

عريض / ضيّق

comestible / incomestible

صالح للأكل / غير صالح

méchant / gentil

شرّير / لطيف

excité / ennuyé

مثير / ممل

gros / mince

سمين / نحيف

premier / dernier

أولا / أخيرا

ami / ennemi

صديق / عدو

plein / vide

مليء / فارغ

dur / souple

صلب / ليّن

lourd / léger

ثقيل / خفيف

faim / soif

جوع / عطش

malade / sain

مريض / صحيح

illégal / légal

غير شرعي / شرعي

intelligent / stupide

ذكي / غبي

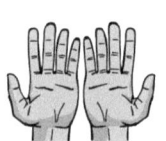

gauche / droite

يسار / يمين

proche / loin

قريب / بعيد

nouveau / usé

جديد / مستعمل

rien / quelque chose

لا شيء / بعض الشيء

vieux / jeune

مسن / شاب

marche / arrêt

يشعل / يطفئ

ouvert / fermé

مفتوح / مغلق

faible / fort

خافت / عال

riche / pauvre

غني / فقير

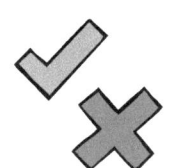

correct / incorrect

صح / خطأ

rugueux / lisse

أحرش / أملس

triste / heureux

حزين / سعيد

court / long

قصير / طويل

lent / rapide

بطيء / سريع

mouillé / sec

مبلول / جاف

chaud / froid

ساخن / بارد

guerre / paix

حرب / سلم

0

zéro

صفر

1

un / une

واحد

2

deux

اثنان

3

trois

ثلاثة

4

quatre

أربعة

5

cinq

خمسة

6

six

ستة

7

sept

سبعة

8

huit

ثمانية

9

neuf

تسعة

10

dix

عشرة

11

onze

أحد عشر

12

douze

اثنا عشر

13

treize

ثلاثة عشر

14

quatorze

أربعة عشر

15

quinze

خمسة عشر

16

seize

ستة عشر

17

dix-sept

سبعة عشر

18

dix-huit

ثمانية عشر

19

dix-neuf

تسعة عشر

20

vingt

عشرون

100

cent

مائة

1.000

mille

ألف

1.000.000

million

مليون

langues

anglais

الإنكليزية

anglais américain

الإنكليزية الأمريكية

chinois mandarin

لغة ماندارين الصينية

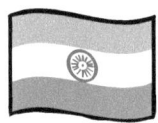

hindi

الهندية

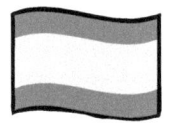

espagnol

الإسبانية

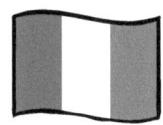

français

الفرنسية

arabe

العربية

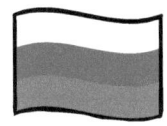

russe

الروسية

portugais

البرتغالية

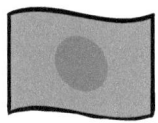

bengali

البنغالية

allemand

الألمانية

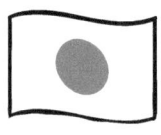

japonais

اليابانية

90   langues - اللغات

je

أنا

tu

أنت

il / elle / ce, c', cela

هو / هي

nous

نحن

vous

أنتم

ils / elles

هم

Qui ?

من؟

Quoi ?

ماذا؟

Comment ?

كيف؟

Où ?

أين؟

Quand ?

متى؟

nom

اسم

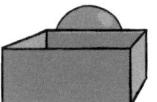

derrière

خلف

dans

في

devant

أمام

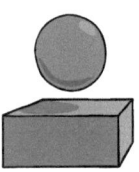

au-dessus

فوق

sur

على

en-dessous

تحت

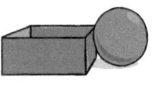

à côté de

جنب

entre

بين

lieu

مكان